Zum Autor:

"Geboren am 9. August 1980 in Suhl, dort aufgewachsen & zur Schule gegangen. Nach anfänglichen Schwierigkeiten mit der Einordnung in den Abiturjahrgang von der Lehranstalt abgegangen & sich autodidaktisch an amerikanischer & geisteswissenschaftlicher Literatur bereichert, seit jeher sich dem massiven Einfluss von Musik ausgesetzt & schließlich mit dem Schreiben begonnen."

Herstellung und Verlag:
BoD - Books on Demand, Norderstedt
ISBN 978-3-7347-4172-2

So kam ich zu ihr
& stahl den Raum des
Zwiegesprächs m. einem
lüsternen Lächeln.

Zermalmte Räder
der abgeschlossenen Karosse.
Der Fahrer. Der Willfährige.
Einer von ihnen konnte nicht lügen
ohne zu verblassen.
Sie verzweifelten beide
an der Flamme der libidinösen
Unordnung.

Sei es nun Fassungslosigkeit oder
ein absurdes Verlangen nach der
sensitiven Klaue, es ist Verwirklichung in
strategischen Denkgebäuden.
Halt ein! Du bist Ambrosia
für unsere Mutter, die sich in den
verzehrenden Wunden hingibt.
Dies ist das Leben unseres gefälligen
Augenblicks, in einer Retorte aus einer
Millionen gesendeter Nachrichten
auf dem Weg in das Zentrum unseres
gefährlichen Organs.

Wenn ich dich herbeirufe
um das Wort der Ehre zu sagen,
meine ich dass es sanft deinen Hals
in Richtung Vergangenheit dreht.

Darum sollte in Weniger als
nichts vertraut werden.

Beschwöre all diese Sprüche
in meinem Kopf, um ihn
zu goldenen Träumen
zu bewegen.

Arrangiere meinen Glauben
neuartig & verschleiert,
damit die ausgegorenen
Komplizen in ihrer
transzendenten Wahrheit
ein Gelöbnis anpreisen
können.

Verwirrtes Schreiben
verkauft sich am Besten.
Der Schrecken des Überflusses
welcher niemals zu sehen ist, nur
zu hören. Die leprösen Wände der
Finsternis/Todesantlitz. Schrill & hell
entbundenes Sein. Reisen durch
das Unbewusste. Unter einem seltsamen
Himmel tanzen die Angebeteten zu
ihrem ersten Jahrestag.

Ich rief dich zu ihr,
der Königin in blauem Gewandt,
wahnsinnige Begattungen von Orakeln
& Sternen
& Brautjungfern zerlegend.

Zeit umarmt den wandernden Samen
des Zweifels. Letzter Biss.

Eine Muse wird durch ein leeres Gemälde
gehen.

Nichts als verdauter Glanz drückt aus
wie die Reben auf den Hügeln
des süßen Regens
explodieren.

Wenn ich hinausgehe
um m. dem Schicksal zu spielen
& es in Menschen suche welche grau sind,
höre ich ihnen zu & wundere mich nicht
warum.

Es ist schwer in diesen Tagen ein
Ziel zu definieren.

Wir erhalten unsere vergebliche Seele
von einem Kampf. Wir kämpfen
für Geständnisse einer instinktiven Art.

Wir sind einzig involviert in einen Namen
oder einen unsichtbaren Auftrag.

So komme ich zu dir
& du gibst mir den Seufzer
göttlicher Hitze/Verdammnis & lässt
mich vergessen wie es war als ich
dich gehen ließ.

Stunde des Tages - ich verbrachte eine
Zeit wie Verschwendung
atmend durch meine Knochen.

Ich war zu weit unten um gesehen zu
werden.

Ich war zu roh um rein zu sein.

Also würde ich es lieben, ohne
ein Geschwür des Lästerns
hinter mir, zu einer List
zu greifen.

Die fragwürdigste Aussicht
war hier zu bleiben
ohne die Hoffnung auf ein
freies Spiel in einer Zeit
der Möglichkeiten.

Da war immer die selbst-veranschlagte
Erwartung der Fremdheit in diesem
heiligen Lager.

Die Ruhe war gegeben
für die saubere Inspektion
der Psyche. Eine mäandernde
Plastiknadel, gestrandet an einem heiklen
Kanal

-kann das Ganzheitliche schlagen!

Endloser Spott durch dein Hirn.
Es spricht & windet sich,
& du hältst es aus. Bis du siehst.

Das Kranke erhält das Neue
& die Häufigkeit deines Gelächters
ist so hoch wie der Himmel den du zu unterscheiden
suchst von diesem Land.

Wir müssen uns danach sehnen
eine Rekonstruktion
der Kindheit durchzuführen & die Welt in ihrem
zudringlichen Wollen aufzuheben.

Finde Erfüllung
in Werken
oder
unsäglichen
Worten.

Auf Freunde wartend
oder
ebenso auf Anhänger.

Sei gelehrig & stolz & überbringe
den süßen Trost
für die Augen
einem ungeschickten Begleiter
in einer Nacht der Liebe.

Am Anfang jeder Wonne steht
der Verzicht, danach kommt das kalte,
wilde Versprechen willkürlichen Aufblitzens
der Idee. Du warst beunruhigt über jeden,
der den Fleck jeder Farbe für die in den
Höllenschlund
Hinabgefallenen anrichtet.

Solider Raub, ich habe
keine Zeit den einsamen Gang
von Fremden neben der Straße offen zu
lassen

Wir sagen kein Wort zu den Polizisten
welche fürchten von einem rotierenden Blitz
unverhohlen abserviert zu werden.

Musik der Nacht, hilfloser
Reiz des jähen Glücks, Malstrom.
Bilder entrückt von einer krächzenden
Grenzlinie. Elementare Botschaft
der Glocken & Seidenwinde.
Erwachen unter einem
schrecklichen Gesang von
milchigen Tränen & gebumsten
Träumen.

Sicher brauchen wir ihnen nicht
zu verbieten im Schatten zu liegen,
aber wenn wir dabei sind zu weinen
für einen Grund um es zu wissen,
müssen wir es tun.

Der Straßenchor
Die langsame Verwandlung ins
Unbekannte.

Gehe bis ans Ende der Straße,
eine Ecke zum Tamtam.

Abgeriegelte Tür
vor dem Gefangenen
auf der anderen Seite
der Dämmerung

Spione in untermeerischen Gemäuern.
Es sei als wäre es ein Hund hinter
Glasvitrinen
oder ein Gedicht in allgemeiner
Beschaulichkeit.
Verschwunden ist die Blendung, Tor zur
Ewigkeit.
Auf der Straße nur die einseitige
Wirklichkeit
dumpfen Zusammenpralls.

Triste Fahrt durch den
geläufigen Rhythmus
Das Symbol aus der Tiefe
Dämmern verschlagener Liebe
Trost für die Geister in ihrem jammernden
Witz. Ein Pferd gedemütigt
in einer Strafkolonie.

Wunderliche Göttin des Fußvolks,
Traurigkeit
& Vergessenheit in zähem Takt
regen sich wie flimmernde
Spiegel in der Nacht.
Abendmahl. Segen der
primären Strukturen in dem eingefrorenen
Metallschlund. Schornsteine in
süßem Zerfall.

Jeder gleicht einem
Kommen & Gehen. Licht anbrennend,
Köpfe abschlagend.

Opfer vordergründiger Beschattung
& der laufenden Verträge auf Zeit.

Die verblüffte Rotte auf dem Weg
in die rasche Verausgabung, richtet die
langsamen Quasten des
verschwenderischen
Katalysators innerhalb des matten Zirkus.

Es muss sein, dass du gesagt hast,
was niemand leugnen kann.
Es musste sein, das du geleugnet hast,
was jeder fühlen kann. Anstatt hinein
zu passen, reiß ich lieber was heraus.
Zerstreuend diese Phasen von denen
du schon die Bedeutung des Fortschritts
gelernt hast, wird es eine eigne Welt.
Weniger reden, bedeutet mehr anzügliche
Wahrheit.

Lass uns diese fremde Bequemlichkeit
fliehen!

(Noch einmal)

Zeit ist ein ungewisses Gefühl.
Einwirkend m. einem einzigen grenzenlosen Sinn, welcher jedes Geschöpf ergreift, dass verdammt ist zu sehen.
Wenn ihre mächtigen Pläne Hoffnung erschaffen,
suchen wir nach Sünde in einer Mitternachtsstätte
& ziehen den Vorhang zurück, um uns angenommen zu fühlen von einer Leere, welche wir m. Freude füllen können.

Morgenstern
Sadistische Ebene & Spannung
Morgenstern
Vernünftiger Verstand der Leidenschaft
Morgenstern
Verlassene Bestie
der Morgendämmerung

Morgenstern
Immerwährendes Unternehmen
Morgenstern
Schmerzloser Schatz
Morgenstern
Leicht zu vergessene Last
& Irrtum

Morgenstern
Endend alle Gewissheit
Morgenstern
Angegriffene Form oder Schuld
Morgenstern
Gesegnet
hervorzubringen

Tausche das Symbol
gegen eine anstrengende Nacht.

Verkleide den Bruder m. dem
Gedanken der Macht & stehle ihm
sein Auge, unverbunden
& brach. Spuren aus dem Glas
grüner Objektive.

Transformationen in eine
unbewusste Lage. Der gehetzte Mann
filzt die Horde in seiner aufgeführten
Vision (Tanz & Obsession).
Hände berühren die Wand & finden eine
Gelegenheit zum Schattenspiel.
Schaufenstersprung. Trieb der
Schwerfälligen Hoffnung auf dem Weg in
ein Labyrinth.
Tode & Tabernakel
ergänzen es.

Das Gesetz tut Not. Abkunft unter Schwur in unendlicher Breite dargestellt. Ausrufe bleiben steinern & leer. Flüche lasten auf dem Aufrechten, kommen zum Tragen durch das Spiel einer zwielichtigen Handlungsweise.

Mannigfaltige Sinne
Trommel der Sorge
Unklarheit der Lust
Sieh den Mann der aus dieser
Tür kommt. Er sieht ganz anders
aus als all die Befangenheit
welche seltsam zu heilen ist.

Die Welt - ein nebliger Fluss.
Hinuntergezogen zu den
Einwirkungen
des Rausches.

Verstehst du den Rhythmus
der Nacht?
Schwerer zu fühlen
als zu bekennen, bis jetzt.

Es ist alles eitel & still
Es ist nicht was ich will

Ein heißer, schwangerer
Geist lässt die Sonne & das Meer
kopulieren. Protestantische
Standhaftigkeit der Männer, auf der
Suche nach Ehrerbietungen
des Schicksals
& des Kampfes.

Schmerz & Revolte
Ein Festspiel auf dem wir
auftreten m. einer Leier für die Toten
& den zügigen Schatten
vorüberziehen lassen.
Heimsuchung.

Zwillings-Gewissen
des Wanderers ohne Erinnerung
an die selbe alte Zeit in dem
fahlen Theater.

Wir sind Wettstreiter um
die Begegnungen m. der Zeugungskraft
des Dichters & leise ist unser einfallsloser
Schaden, den wir gleichermaßen abziehen
in den umtriebigen Waldregionen.

Durchführungen welche uns
in die Wirrungen von
Sprache & Überzeugung
treten lassen.

Macht hatte die Kultur der Phrasen,
nachstehend ist nur die Zensur.
Was überlebt der Kriege städtischer
Herkunft unabhängige gewissenlose
Strategie?

-die Kluft der Gestade im Dunkel
der Unwissenheit, gefunden in einem
anschwellenden Raum. Ars Magna. Totem
& Form in ihrem vertraulichen
Zustrom sind unsere Zeichen.

-wir sind Erleuchtete!

-zähle auf die geschundenen Stunden
in denen die Angekommenen schuldig
waren

-das rumorende ambivalente Auditorium
öffnet sich

Geist der siegreichen Lüfte
Geraunter Frieden
Lässiger Tanz auf dem
hartgesottenen Fuß.

Jäher Vogel im Flug.

Der Mensch ist sein Drangsal leid.
Lässig wie ein wahnsinniges
Leiden, ermitteln wir die
Freunde des wilden Feuers,
dass auf der Welle brennt.

Sag es noch einmal bevor du
hineinblickst in deinen verwunschenen
Körper,
den deine Augen sehen.

Widerschein des Lebens auf schmutzigem
Asphalt.

Total frei laufe ich zum Strand
& bedecke ein Biest m. einem
Tuch das wie eine aufgesparte
Liebe knistert.

Da ist keine Reue in der Einsamkeit,
außer nicht zu wissen warum.

Land des Regens, Land
des Zaubers
& der lachenden Sorgen.
Verrückt zu sehen, wie vibrierende
Glut oder Unentschiedenheit.
Es geschieht in deinem Namen,
in Nacht gehüllt,
aus den Nachbarn,
den Würmern geformt.

Seine Peitschen
überwinden deinen hohlen,
ausgeweiteten Insektenstich.
Schluss zu machen m. dem
geistlosen Ornament & deine äußerst
verworrene Sicht zu erobern.

Weit entfernt vom Fieber
des Urteils, ist der Bote m. dem
Kennzeichen engagiert
& verwickelt in sich
selbst.

Lass uns nicht mehr zögern.
Wir machen eine Hölle aus diesem Ort,
rufend nach den Funktionsträgern
aus ihrem unersättlichen Grab.

Der Mond
Die Nachtwache
Ich sollte versuchen dich zu finden
& nur danach verlangen dir die Worte zu
erzählen welche ich niemals wieder
zurückhalten könnte.

Schrot, dunkel in der festlichen
Helligkeit, gibt dem Erreger den
stellvertretenden Instinkt.
Der beschworene Zirkel ist in
der endlosen Traurigkeit
ein Geheimnis.

Ein Trampelpfad durch
die offene Nacht. Gedeckter
Schaden für die Welt. Er ergibt
sich Zeile für Zeile aus dem
unnachahmlichen Blick
auf den Diamanten-

Der Umfang liefert den
unverfänglichen Trieb.
Fliehe aus dem
inneren Zweig in eine
vegetative Pause.

Wir müssen einen Weg finden
das Versprechen der Geburt
& der Wiedergestaltung zu halten
& weiterzugeben.

Zu sehen, statt zu wissen
bedeutet Türme des Todes
& die eigenartige Erlaubnis
den kalten, trägen Gassen
des Erwachsenwerdens
zu entlaufen wieder
zu finden.

Linie der Zugvögel
Drohendes Rinnsal der altehrwürdigen
Tage

Wie das Ego Barrikaden Inseln
Blut & ungeheure Kraft

Wie die Kerzen die dein Gemach
illuminieren & ihre eigene Pracht
in heroischem Stil erwecken.

Die Tracht deiner Gedanken
sperrt ein meine verwegenen Töne
& die Fingerspitzen zögern nicht,
den hellen Schweif der taumelnden
Erinnerung
in die verfluchte Tangente
zu manövrieren.

Ewigkeit/Steine der Macht
Mund versiegelt
Bleib deinem Mädchen treu
Nächster Gefallen an dem Trip
zur Welt in Flammen
& fahre fahre fahre
      fahre fahre fahre
           fahre fahre fahre
Das Geld unter der Vorstellung (Ideal)
oder die Gabe des Schlange-seins
als Junge & als Mann
& als Weib. Weiße Eile der
Traurigkeit. Zerrissen von einer
Tonne verschwendeter Zeit (im Wettkampf
m. der Spielplatzverkleidung)
Injektion/Segnung
Komplementäre Würze
Todeslied
Geisterlied
Ausgekundschaftetes
Land

Mondlicht, angenehm
Berge des Schlummers erschaffen
ein Bett für dich.

Pelz gerichtet auf die Seite,
Abschürfungen.

Goldener Traum & Lust in
der geschulten Aufsicht machen
den tristen Besitz zu einem
kameradschaftlichen
Feuer. Jähzorn der eifersüchtigen Worte.
Kein Zurück. Zweifel unterwegs, halten
dich fest & verbrennen den Fluch des
Holzes. Dünner Anfang für die Jäger.

Die Mehrzahl spielt m. Satan wie m.
einem Spielzeug. Deswegen müssen
wir bei der Geburt leiden
& unsere Handlungen so traurig
scheinen lassen.

Die Welt begehrt lustvolle, humoristische
& gefährliche Pläne, welche den Ruhm
unserer privaten Verhältnisse definieren.

Mach eine langwierige Kür
& beginne zu Staunen, weil
mein Schmerz voll silbernen Glanzes ist,
für die Augen der Verrücktheit.

Kümmere dich in diesen Zeiten der
Zudringlichkeit um die Hoffnungslosigkeit
in meinen Augen.

Ich vermochte zu denken
m. der vorzeitigen Freude,
die sie verstanden.

Sei mein Okular-Bediener
in der chemischen Dichte
& simulierten Unterdrückung.
Angeschlagene Herrschaft.
Qual, geh' weiter m. dem
gestohlenen Getriebe
& beschaffe das ebenbürtige
Potential des Tages
heimwärts blickend,
sorgfältig erfülltes
Stoffgehirn
& Gefährte.

Da ist ein Bett im Dachboden,
das sanfte Versprechen einer
geschäftlichen Nuance
oder eines Plans
& wir können alle
möglichen Sachen tun
& den Namen unseres Stolzes
m. Flügeln der Aufregung
& des unheimlichen Kontaktes
über die Siegel unserer Liebe
gleiten lassen.

Mordsfang/schleichender Gang
von Filmen & Funken
der Güte in den Hauptstraßen.
Spielerischer Trick & steigendes
Bekenntnis.
Jeans-Tribute für den Arsch als Ausdruck
des Pessimismus. Wankelmütiges Herz
der Medien-Leute & Tribünen des zärtlich
antwortenden Gespräches.

Er erwürgt die Kaiserin des Absurden
auf freiem Gelände. Geisterkanäle
& reitende Kerle des Spiels
fordern dein Entzücken.

Wer verkauft alles an die Frauen
in den Garagen, welche sich
im Alter des Konfliktes
& des schnellen Austauschs
befinden?

Geeinigt in einer maßlosen,
gewollten Wucht, hinaus auf die Felder
streunend

Stehe ich in der Mitte eines neuen
Glaubens (Gebärden)

Entstanden aus Blähungen
Sitz ich, Szenen aus Farbe machend,
welche sich zurückziehen in eine
graue, lieblose Stimmung
oder das Überbleibsel eines
Standbildes, vor den Toren
einer wilden Stadt.

Ich rufe nicht jedermann
Ich stehe nicht ein für eine
andere Sprache

Es bestimmt nach wie vor
die Form in den Gesichtern
des Morgens.

Sinnliche Wonne
sammelnd, hat sie mir einen
Gefallen getan.

Wir gehen durch feuchte Wälder
& verlieren einige unserer Reibereien
während der Bemühung um unsere
Flagge, welche immer noch
in Fetzen hängt.

Doch der Morgen wundert sich bloß
darüber wie diese düsteren Augen
ein Gefängnis für sich selbst
errichtet haben.

Zeichen der Strafe
in Träumen. Da ist Verhandlung
& Verwirrung. Wo ist der umherstreifende
Geist welcher im geronnenen Blut wohnt?
Gewaltsame Täuschung. Kein Entkommen.
Wo willst du hin?

Sie hat sich angezogen
& geht jetzt, & wird nach tausenden
solcher Tage gefragt, um vielleicht
das geringere Übel unterhalb
ihrer Hand zu behalten, welche sanft
das gesprochene Band aufgibt.

Stilles Erwachen
& Eifer sich entfaltend,
jetzt, da du schläfst auf dem Erden-bett.

Des Säuglings Ausgang
ist der Schlüssel zu diesen
verfaulten Armeen der Illusion,
welche einst mutig waren.

Die erschaffene Besessenheit
Schreie & Stimmungsänderungen
Anfang der täglichen Teilnahme
an auflösbarer Gier & das Bestreben
um eine beschwingliche Erfahrungslehre,
die sich im kollektiven Sinn austrägt
& unseren Lauf in der Geschichte
bewähren lässt.

Eine Nachtigall
springt auf das Dach
& singt ein Lied von den verziehenen
Wegen. Noch immer brennt mein Herz
& meine Haut ist feucht
von fließendem Wein.

Wir fühlen, anstatt
jederzeit das Aufsehen zu vermehren.
Wir sind stillstehend nach der Erfindung
einer neuen Zeit.

Eine farblose Blume ist
der Entwurf der Liebe, welche
einen Schauer unter unserem
auffälligen Kosmos festhält.

Bleib' dieses duftende Reich
für eine kleine Weile, dann zeig mir das
Schild an der goldenen Tür & kehre zurück
bis in alle Ewigkeit. Beschreibe ein
Entsetzen an der Wand & vergib in die
Ängste der Ratlosen, die hier & dort
suchen nach den Weiten des irrsinnigen
Wandels.

Apotheosen aus Zelluloid,
Residenzen am Fuße der Öffentlichkeit.
Der geschwärzte Blick auf den Wachs.
Das Lied endet hier. Sorge um die
beflissenen
Schlangen der Erkenntnis. Wähne
dich durch die friedliche Weite
deiner sehnsüchtigen Reise.
Eine gedachte Höhe m. den Konturen
des Flugzeugs. Mutterwanzen erscheinen
auf der Bildfläche, Traumesluft auf
die Straße werfend.

Wir folgen dem Schwarm der
verstummenden Rufe.

Aber es können nicht alle Ketten
in einem schweren, massiven
Rennen fallen.

Das seltene Artefakt kann
noch als plausibel
menschliches Zeugnis gelten
& wiederkehren.

Du harrst aus nach einem Zeichen
in der heißen Nacht des Erinnerungsbildes.
Wildnis geht vorbei. Komplimente des
Handelns.

Als wir jünger waren musste
ich das Betrübnis
in dem eisernen Tal begreifen.

Nun verehre ich die
Laune des Dichters, der vor
dem Meer steht
& sich vorstellt
wie weit seine Augen
reichen können.

In der Sonne kristallisiert sich sein
Spiegelbild heraus.

Oh, Atem, bitte zaudere nicht.
Ich werde deinen ominösen Kern nicht
verschlucken.

Meine lüsterne Frau hat ihre Lippen
an der Tür gespitzt, um den Kuss zu
erfassen der ihre Seele verschont.

Verbindung
ohne Erwägung,
ohne sie der praktizierenden Welt zu
überlassen.
Eine Gelegenheit zum Warten, ein
Handschuh von Königen
& Ratten
& stürmischen Gezeiten.

Zusammen spielend m. der Eile
&
der Inspiration
der Nacht.

Ein Nachtfalter fliegt unterhalb der friedlichen Berge, feucht untergehend in seine chaotische Überraschung.

Er soufflierte ihr m. guter Laune
Gerüchte über die alten Zeiten in den
verrückten Hotels. Er erwiderte dem
Mädchen, welches ihn bald verließ eine
Unmenge von lieblicher Romanze.
Sie pflegte Rätsel von den Blättern von
Orangenbäumen zu lesen & im
Sommerwind zu rennen. Spät
& nah am Morgen.